下巻のはじめに

戦後復興は特需景気を受けて拍車がかかり、敗戦から10年にして戦前の国民総生産を上回ったことで、1956（昭和31）年度の経済白書で「もはや戦後は終わった」と言わしめるに至った。同年10月には東海道本線の全線電化が完成し、長距離列車の牽引は電気機関車に代わったが、さらに新性能電車の急速の進展により、最後部に展望車を連結した客車による国鉄の看板特急「つばめ」「はと」から「こだま」へと、スピードと快適性の勝る電車特急が主流となる時代を迎えるこ

とになる。
　一方で東京一極集中による人口急増を背景に、勤労者の住居が郊外に広がることで通勤列車の混雑は日増し顕著となり、輸送力の切迫しつつあった東海道本線と東京～大船間の線路を共用する横須賀線も輸送力増強が喫緊の課題として、列車運行本数の増加と列車編成長大化が求められることになった。
　70系は総数282両が製造され、横須賀線は最大時175両を有したが、全列車の形式を統一するには至らず、相変わらず2扉・3扉車が混在した状況にあった。東海道本線は長距離列車から新性能電車の投入が始まり、近郊輸送も2扉の80系では限界として3扉セミクロスシートの111系の導入、引続き横須賀線も車両の新性能化が始まり113系時代へ移っていくことになる。
　昭和30年代は輸送力の限界が近づく東海道本線の救済として東海道新幹線の建設が開始され、東京オリンピックの東京招致が決まるなど、日本がもっとも活気のあった時代を迎えた。

６両の基本編成を２組連結した12両編成の横須賀線70系下り電車。
1968.1　川崎—横浜(川崎—鶴見)　P：石渡良夫

川崎駅停車が徐々に増えつつあった横須賀線。1980(昭和55) 年以降は川崎を経由しなくなるため、川崎駅に停車していた期間は思いのほか短い。
1959.2　川崎　P：吉村光夫

13.　基本編成の変更と日中区間運転

1959(昭和34) 年２月１日のダイヤ改正で増発と区間運転が始められた。横須賀線は列車編成を基本、付属とも共通のＭＴ比1：1とし久里浜方からTc-M-Ts-M-M-Tcによる組成の６両編成に変更した。ただしこの組成はあくまで70系による基本で、実際には、32系や42系の混在状況からMT比1：1を原則にしてTcをMcに、MをTなどに置換えた変則編成が見られたのは従来通りであった。

混雑時は基本編成を２本連結した12両編成運転となったが、基本編成に２等車(サロ)が１両ずつ組み込まれているため連結位置が離ればなれとなった。また変更当初は増発されたことで２等車が不足となり、サロなし編成も存在したことにより乗客は混乱した。また増発や基本編成を７両編成から６両編成へ変更したことによる車両需要変更で、下り方(偶数車)の先頭車が不足し、あまり見ることのなくなっていたモハ43形やモハ53形が先頭に立つことも見られるようにな

日中２両編成で運転されていた横須賀～久里浜間区間電車(モハ43024号－クハ76形)。
1959.4.12　久里浜　P：荻原二郎

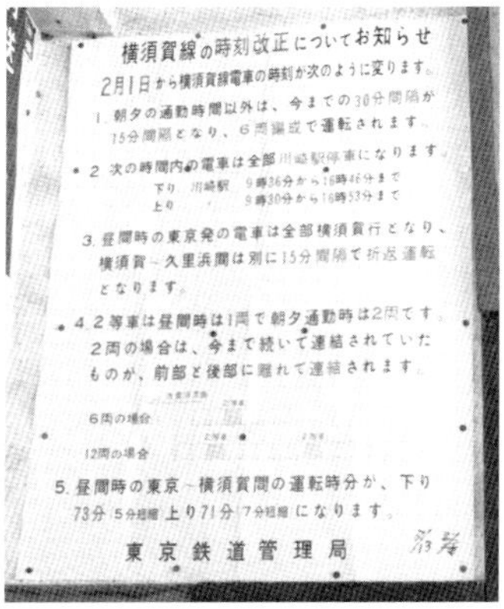

1959年２月の時刻改正お知らせ。日中の30分→15分間隔や日中時間帯の川崎駅停車、２等車２両時の分割連結などについて告知されている。
1959.2.1　P：堀江光雄

モハ43形を先頭にした横須賀線下り電車。２両目に元流電編成サロハ66形改造のサハ48形が見える。
1959.12.5　品川—川崎（蒲田—川崎）　P：柴橋達夫

ったほか、一時消えていたクハ47形も再登場した。

日中は30分間隔から15分間隔に増発、９時20分から17時30分まではそれまで通過していた川崎を停車とした。また日中10～15時台は利用者の少ない横須賀～久里浜間を区間運転とし、東京～横須賀間の電車に横須賀で接続する２両編成15分間隔の運転となった。区間運転の車両は９時台に久里浜に到着する２列車の東京寄り２両を分割して充てるため、上り（東京）方の２両目を中間電動車のモハ70形から、下り（久里浜方）に運転室のあるクモハ43またはクモハ53形を組み込んだTc-M-Ts-M-Mc-Tc編成としてMc-Tcを切り離し、残された４両は日中久里浜駅構内に留置とし、夕方に再び併合して６両編成で東京へ戻っていくことになった。また基本編成の本数増加により１等車が不足することになり、サロ85形の２両をスカ色として転入させた。一方でサハ48形の48021・48028号の２両が宇都宮機関区に転属して、湘南色の東北本線80系編成に組み込まれた。

さらに1960（昭和35）年６月の全国ダイヤ改正で川崎は全列車停車となり、朝のラッシュ時は東京到着８時から９時半までは10分間隔運転に増発された。

日中の横須賀と久里浜間の区間電車の２両編成２本を捻出するため、久里浜到着の６両編成×２本の東京方の2両を分割して充て、残った４両×２本は久里浜駅構内に留置となった。木製窓枠と全金属車300番代が並び、木製窓枠車の編成には３両目にサロ45形、４両目にはぶどう色１色で４扉のモハ72形が見える。
1960. 4.29　久里浜　P：友田雅之

横須賀駅に２両編成の区間電車が停車している。手前は貨物ホーム、背後には米軍第七艦隊のベースである横須賀本港が見える。
1961.6.25　横須賀　P：渡辺渥美

鎌倉駅で離合する横須賀線上下電車。左はクハ47形を最後部にした上り電車。　1959.4.24　鎌倉　P：堀江光雄

サロ75009号に改番された元サロ46010号の更新修繕出場直後。　1960.3.13　田町電車区　P：小川峯生

14. 1959(昭和34)年の車両称号規定改正

モハ90形から始まった国鉄の新性能電車は通勤形から長距離列車用の急行・特急車両も出揃い国電も新時代を迎えた。これに対応するための1959(昭和34)年６月に車両称号規定改正が行われ、これまで暫定的に空番号に押し込まれていた新性能電車は三桁形式に移行した。また電動車の記号(モ)には制御電動車と中間電動車のほか、戦中戦後には電装工事や整備が行き届かなかない情けないクモハやサモハ(クハ代用・サハ代用)があったが、この改正で電動車は制御電動車(クモ)と中間電動車(モ)に分けられた。

また、これまでは車体側面の標記は記号と形式番号を上下二段に区分して車体に標記されていたが、これを一行に変更した。サロ46形は1953(昭和28)年の改番ですでに空番となっていた形式の75に改められずにいたが、1959(昭和34)年12月に晴れてサロ75形に改められた。1953(昭和28)年の改番時に形式変更された車両はそれまでの001号から始まっていた番号を000号からに改められたが、当時の車両は原則として運転室を有する車両は奇数、偶数によって車両の方向が定められていたので、車両番号も複雑な変更が行われた。サロ46形もサロ46001～018号からサロ75000～017号に改められたが、サロ75形は中間車なので奇数・偶数での区分はないことから、旧番号から１を引いた番号となっている。

しかしこの規定は改造や新形式などで守られなかった例外もあり、奇数・偶数車や方向などとともに国電の悩ましく奥深いテーマである。

サロ75007号。この年の６月に３等制の運賃体系が２等制に改められ、サロ75形は１等車に変更された。等級帯はまだ変更されていない。
1960.9.11　品川　P：長谷川興政

クハ76028号　更新修繕車は前面腰板部に300番代と同様の汽笛を設置した。運行表示窓はHゴム支持にはなっていない。
1967.4　逗子　P：福井紘一

クハ76019号。1950(昭和25)年度製で、乗務員室扉と側扉の間に窓を新設したほか前面・側扉や戸袋窓をHゴム支持に変更した。　1964.1.26　逗子　P：吉川文夫

1952(昭和27)年度製のクハ76形からは台車がTR48に変更されたほか、前面・側扉や戸袋窓がHゴム支持とされている。　1964.1.26　逗子　P：吉川文夫

15. 70系の車両更新

80系に続いて1950(昭和25)年度製70系の更新修繕が1960(昭和35)年と翌61年に実施され、屋根、床の鋼板化などに加え物議を醸した大型の便所を次年製以降の大きさに改造、それに伴い側窓の移設が行われた。また換気が問題視されていた乗務員室と側扉の間に側窓を設置する工事などが行われた。またクハ76形の正面ガラスや戸袋窓の押さえをHゴム支持に変更した。しかし大掛かりな更新工事はこの年度製車のみであったため、次年度の1961(昭和26)年製車両はクハ76形の正面木製窓枠が残り、70系の中では一番古めかしい姿を晩年まで留めていた。またその後の車両も設備の近代化が行われ、室内灯の蛍光灯化や扇風機の設置、前照灯の150W装備車の250Wへの強化が行われている。その一方で既設の300番代以外の車両には、乗務員室と側扉の間に窓を新設する工事は行われなかった。

クハ76015号。更新修繕により便所の小型化が行われ、側窓が側扉方に移設されている。　1966.7.2　横須賀　P：佐藤良介

モハ70005号。モハ70形は001～004号が中央東線用のモハ71形に改造されたため、この005号がモハ70形での最若番号となった。
1960.9.11　P：堀江光雄

モハ70103号。1950（昭和25）年度製で大鉄向けに製造され100番代を名乗るが、横須賀線の輸送力増強で田町電車区に転属し、更新修繕を受けた。
1964.1.26　逗子　P：吉川文夫

関西から横須賀線の増強のため転入してきた70系はぶどう色１色で、クハ76形の風貌から「茶坊主」と呼ばれた。クハ76068号ほか。
1960.4.28　田町電車区　P：友田雅之

16.　12両編成運転の増加と茶坊主

東海道本線は横浜を出て清水谷戸トンネルを抜けると戸塚、大船までの駅間は水田が続き、夏の夜は車窓からカエルの大合唱が聞こえる長閑な沿線であった。湘南電車は横浜を出ると大船までは無停車で保土ヶ谷・戸塚は横須賀線のみが停車となっていたが、昭和30年代も中頃になると宅地開発により徐々に両駅の利用者が増加してきた。しかし東海道本線と線路を共用している横須賀線は運転本数増加に限りがあり、基本編成を2編成連結する12両編成運転の増加より混雑緩和が図られた。10両編成以上の電車を横須賀まで運転すると、トンネルに挟まれて10両ぎりぎりの長さしかないホームの田浦駅では頭をトンネルに突っ込んで停車することが多くなった。

1960（昭和35）年４月、中央線の増発にモハ70形の70001～70004号の４両が山用として低屋根改造を受け、モハ71形71018～71021号となって三鷹電車区に転出、それと入れ替わりに明石電車区からのモハ70

「茶坊主」（写真左、クハ76082号）とスカ色のクハ76形連結部。関西のクハ76形は正面窓下の手すりが左右結ばれているのが特徴であった。
1960.9.11　品川　P：長谷川興政

茶坊主のクハ76089号を先頭にした横須賀線12両編成のうち、東京方６両編成はサロ75形のみがスカ色の基本編成となっている。
1960.9.11　品川　P：長谷川興政

形70049～70052号の４両とクハ76形76065・76067・76068号の３両合計７両が転入した。引続き1961（昭和36）年横須賀線の増強のため関西地区の70系が応援として転属してきた。京阪神間の緩行電車では茶色一色の塗装で運行されていたことからクハ76形は「茶坊主」と呼ばれていたが、その時のままの姿で、明石電車区と高槻電車区から1960～1962（昭和35～37）年にかけてモハ70形21両、クハ76形奇数車７両・偶数車５両の合計33両が大挙してやってきた。当時は1950（昭和25）年度製70系の更新工事による入場での車両不足も加わり、東鉄内の他区から４扉車のモハ72形72541・72625・72626号の３両もぶどう色２号一色のまま転入して編成に加わっていたので、たちまち２扉、３扉、４扉の混在と混色編成が多数現れた。さらに基本編成の増加のよる１等車不足としてサロ85形が７両加わった。モハ72形は70系の更新工事終了とともに転出したが、茶坊主は次第にスカ色に改められ同化した。しかしやがて113系の投入が本格化すると一部元の関西地区に戻るもの以外は、新規電車運転開始区間への転出が始められる。横須賀線に長期在籍してスカ色にならなかったのは荷物電車のモニ53形→クモニ13形で、かえって存在感があった。

70系の更新修繕入場による車両不足を補うため横須賀線に４扉のモハ72形も３両が転入してきた。クハ76形300番代の先頭車の次位はモハ72626号、それに続くのはサロ45005号。
1960.5.17　新橋—品川　P：小川峯生

編成中にぶどう色の車両が２両組み込まれた12両編成の横須賀線上り電車。右側の東京方基本編成には１等車がなく、サハやクモハが組み込まれている。
1961.11.12　戸塚—保土ヶ谷　P：福井紘一

東海道本線を走る新性能近郊形電車、111系クハ111-1ほかの湘南色の新造車試運転電車。　1962.5.28　川崎—品川　P：友田雅之

17. 新スカ形111系の登場

東海道本線東京口の輸送量は年々増加して２扉の80系では対応が難しくなってきたため、1961(昭和36)年度第二次債務車両として新性能電車111系３扉セミクロスシート車が登場した。国鉄の新性能電車は中空軸式平行カルダン駆動、発電制動併用電磁直通制動とした101系通勤形電車を基本として、CS12主制御器と100kWのMT46主電動機との組み合わせでギヤ比を変えて急行形153系、特急形151系と進展したが、３扉セミクロスシートの70系に代わる近郊形の系列は、在来の直流電化区間用ではなく新規開業の交直流電化用401・421系として先行していた。これを追って直流区間用の111系が1962(昭和37)年５月に落成、当時は○○○系という呼称が国鉄では正式制定されていなかったので151系は「こだま形」、153系は「新湘南形」または「東海形」などと呼ばれており、111系は「新スカ形」と呼ばれた。

111系は車体の裾を絞った広幅車体に両開き側引戸を採用、車端部座席は70系のロングシートからボックスシートに変更されており、モハ111形(M)、モハ110形(M')形、サロ111形(Ts)、クハ111形(Tc)としたシンプルな車種構成であった。ただクハ111形は久里浜方に乗務員室がある車両には空気圧縮機(CP)が装備されており、Tc1として区分され300番以降の車号が付けられた。

CP付のクハ111-328号。横須賀線では久里浜向きのTc1車となる。
1963.9.15　大船電車区
P：豊永泰太郎

戦前より30余年の間横須賀線に君臨したサロ45形(写真はサロ45005号)。更新修繕と便・洗面所の設置が行われた。
1960.1.2　田町電車区　P：友田雅之

18. 横須賀線の2(→1)等車

温暖な気候の鎌倉、逗子は明治時代から政財界の富裕層や文人墨客により邸宅や別荘が建てられ、東京への往来には交通手段が唯一鉄道であったこともあり、横須賀線には3等級制度の最上級の1等車も連結されていた。その後1等車は幹線長距離優等列車に限定し、横須賀線などは2・3等車連結となった。戦前には各電車運転区間でも2等車を連結していたが、戦時体制となるにしたがって他線区では2等車の廃止が行われた一方、横須賀線は軍人高官が往来する特殊な状況にありむしろ増強が行われ、他線区で不要となった2等車が転入してきた。

終戦後は連合軍の専用車(白帯車)指定によりほとんどが接収となり、さらに不足したため一部3等車も白帯車に指定され、接収解除後は同様に車両不足で昭和20年代は代用2等車として使用された。こうした歴史の経緯もあり、横須賀線の2→1等車には他線では見られない独特の空気感があった。

1960(昭和35)年6月より2等制になり、1等車となったサロ45005号。等級帯も淡緑に改められている。
1964.7.22　川崎　P：豊永泰太郎

サロ75形並みに座席が更新されたサロ45形の室内、出入口部分はロングシートになっている。
1953.12　P：吉村光夫

(1) サロ45形

横須賀線電車化から113系による地方転属が始まるまで長期にわたって君臨した。初代のスカ形32系には全室２等車のサロ45形と２・３等合造車のサロハ46形がそれぞれ13両製造されたが、1935(昭和10)年に京阪神間の急行電車と同様にサロハ46形を組み込んだ４両が基本編成となりサロ45形は付属編成用となったため、1937(昭和12)年２両がサロハ46形に改造された。

横須賀線列車は客車時代には便所が設置されていたが、電車化された32系の車両は当初便所の設置はなかった。これには乗客からも苦情が出て、サロハ46形とサハ48形に後付設置が行われてサロハ46形はサロハ66形に変更となったが、サロ45形には設置されなかった。

戦争末期２等車連結を行っていた横須賀線も1944(昭和19)年４月の久里浜延長を機会に廃止となり、サロ45形とサロハ66形は４扉ロングシート改造を行いサハ78形への改造が始められた。しかし軍部の要請で２等車は復活することになり、未着手のサロ45形５両が残された。

サロ45形はサロ46(75)形の新造後も横須賀線に残り、２等車として使用されていた。1953(昭和28)年に更新修繕を受け通風器はグローブ形に、座席などはサロ46形と同等に整備された。このため戦後の７両基本編成時代は便・洗面所のあるサロ46(75)形と無いサロ45形をセットとして２両を組み込んでいたが、1956(昭和31)年から翌年にかけて便・洗面所設置工事が行われ、基本編成の２等車１両組込とした1959(昭和34)年２月改正に対応した。横須賀線の113系化により1964(昭和39)年８月と翌年２月にサロ75形・サロ85形に先がけてサハに格下げされ地方転出したが、３扉化や制御車化改造されずに晩年を迎えている。

(2) サロ46（→75）形

70系のサロ46形は同時期の80系サロ85形と同様のゆったりしたボックスシートの室内で、定員などは同じだが出入口と客室の仕切りがなく、32系のサロ45形の流れを汲む戦前の電車２等車の形態を受け継いだ開放的な形態であるが、洗面所と便所が電車で初めて出入口より車端寄りに設置され、客室と分離された形態となった。1950(昭和25)年度に10両、53年度に６両、55年度に２両の計18両が製造された。これによりサハ48形やサハ57形などによる代用２等車は姿を消すことになった。

サロ46形は1953(昭和28)年の改番で75が空番となったが、1959(昭和34)年６月の改番からやや遅れて12月にようやくサロ75形となって形式が70番代に編入された。ただトップナンバーを０番から始めるように改められたため、46001号は75000号のように繰り上がり、46001～46018号は75000～75017号となった。これ以降は運用増による２等車不足に対してもサ

地方転出の近付くサロ75002号。同車は転出にあたり格下げ並びに制御車化され、クハ75002となった。 1966.7.2　横須賀　P：佐藤良介

ロ75形の増備は行われず、新性能電車に置換えが始まった東海道本線の湘南電車80系サロ85形を転用することになり、モハ70形やクハ76形のような全金属車は製造されなかった。

113系の投入によりサロ45形、サロ75形、サロ85形の順で転出が始まったが、転出先での１等車需要はなくサロ85形と同様２等格下げとともに３扉化や制御車化改造が行われて、狭幅窓の中にアクセントを添えた横須賀線固有のサロ75形は1967(昭和42)年６月に姿を消した。

サロ75016号。サロ46形の最終増備車で、サロ46017号として製造された。通風器は再び便・洗面所の屋上にも設置されたので再び９個になった。
1964.1.26　逗子　P：吉川文夫

サロ85006号。横須賀線の2→1等車不足のため80系のサロ85形が横須賀線に転用された。スカ色に塗り替えられたものの、塗り分け線は他車とは揃わなかった。
1967.4.26　逗子　P：福井紘一

(3) サロ85形

東海道本線の長距離電車に新性能電車の投入が始まり、客車構造を取り入れた80系のサロ85形を増発により2等車が不足していた横須賀線へ転用した。サロ85形は80系電車の異形式併結運転の先駆けとなった。横須賀線には各年度の車両から11両が転用されたが、全金属車300番代車は含まれていなかった。80系は貫通路幅が一般の国電タイプより広いので貫通幌の両側が異なる幅となった特殊な貫通幌が用いられた。形式統一の行われなかった当時の横須賀線ではあるが、側窓の高さは揃っていてそれなりの調和が図ら

サロ85030号。1956(昭和31)年製のサロ85形は一段下降窓となり、外観がスッキリしている。　1963.9.15　大船電車区　P：豊永泰太郎

冷房改造車サロ85020号。冷房機器取付直後と思われる。東海道本線で使用を開始した後、スカ色に塗替えて横須賀線に転属、約１年間使用した後冷房機器を取り外し、113系により捻出されるまで活躍した。
1957.8.20　大井工場　P：星　晃所蔵

れていたなかにあって、80系は天地寸法が客車タイプの１段窓であったため明らかに異物が挟まった感じは拭えなかった。

一方で東北本線や高崎線では横須賀線から転出したクハ47形やサハ48形を80系編成に組み込むことも行われ、湘南色となって宇都宮機関区（1961年11月運転所に改称）に転属した。

サロ85020号は新型特急電車（20系→151系）の冷房装置の試験のため、1957（昭和32）年屋上に試作品のユニットクーラーを４基取付けて東海道本線の列車に試験使用していたが、夏季の試験期間を終了して1959（昭和34）年の秋口に横須賀線に転属してきた。冷房付き車両として運転されたが、1960（昭和35）年には取外され、その後も地方にサハとして格下げ転属するまで横須賀線に在籍した。なお冷房用として装備されていた電動発電機は貴賓車クロ157形に転用されている。横須賀線の新性能化による地方転出で最後に残ったのはサロ85形であった。

冷房改造当初のサロ85020の車号標記。「サロ」の上に小さく「冷」の文字が見える。
1957年頃　平塚付近　P：星　晃所蔵

横須賀線に転属し冷房が外された後のサロ85020号。電動発電機は貴賓車クロ157形に転用された。
1964.7.3　川崎　P：豊永泰太郎

1953(昭和28)年の改番でサロ37形からサロ15形に変更した17m級の２→１等車で、外観的にはサロ45形の短縮形といったところ。
1953.3　田町電車区　P：吉川文夫

(4) 戦中の２等車増強

1938(昭和13)年11月に京浜線の２等車が廃止となる一方で、横須賀線の２等客が増加したため、京浜線の２等車であった17m級木造車サロ18形の18001号、鋼製車のサロ35形35001号とサロ37形の2両(37001・37002号)を転入して２等車の増強が行われ、貫通路と幌の整備が行われたほか、サロ37形は台車をサロ35形のTR21と交換した。

さらに関西からは1942(昭和17)年５月、クロハ69形２・３等合造制御車２両が転入してきた。この２両は総武線の津田沼を中心とした陸軍と共用の意味合いがあった。一方予備車的存在となっていた木造車のサロ18001号は1941(昭和16)年３月、鋼体化工事が大宮工場で施工され、クハ65153号となり池袋に転属となっている。サロ35001号も1942(昭和17)年12月に３等車に格下げ、池袋に転属した。

残った２等車は終戦直後に白帯車指定となったが、解除後は２等車に復帰、クロハ69形２両は１両がロングシートに改造されていたが２両とも代用３等車となり総武線に転出、その後古巣の関西に戻った。17m級のサロ37形２両は横須賀線に残り、1953(昭和28)年の改番でサロ15形に改められ、後に伊東線に転属されるまで活躍が続いた。

17m級の２等車サロ15000号。70系に挟まって活躍した。
1958.8.13
川崎―品川(蒲田―大森)
P：柴橋達夫

1等車になってからのサロ15001号。等級帯はまだ塗り替えられていない。1961(昭和36)年まで横須賀線で活躍、その後伊東線に転じた。
1960.11.20　大船　P：堀江光雄

(5) 貴賓車クロ49形

葉山御用邸や軍籍のある皇族の往来には、横須賀線の電車化された当初は木造のナイロフ20550形1・2等合造緩急客車を(1等の白帯を2等の青帯に塗り替えて)電車の中間に挟んで運転されたが、本格的な専用車両の必要性から1931(昭和6)年クロ49形が2両製造された。クロであるが列車の先頭には立たず、中間に組み込まれて運行された。葉山御用邸を利用する場合は逗子駅の上りホーム1番線に2本の側線があり、そこが乗降場となっていた。

戦後、大井工場に保管されていたクロ49形2両は1953(昭和28)年5月、伊東線で一般営業に使用するため同所で改造、旧個室側を2等、開放室を3等とするクロハ49形として2両とも下り方先頭車として偶数車改造が行われた。

クロハ49002号。大井工場で眠っていたクロ49形を伊東線で使用するため開放室側を3等室に改造したもので、伊東方の先頭車とするため方向転換している。
1953.11.1　熱海　P：吉村光夫

クロハ49形は伊東線で中間車化改造されてサロハ49形となり、再び車体を方向転換している。さらに元2等車を1等車に、元1等車を2等車に造り替えたため、座席と窓割が合っていない。
1960.9.17　熱海　P：友田雅之

その後伊東線の下り方は半室荷物車のクハ二67形を連結することになり、1956（昭和31）年大宮工場で中間車化改造を行い乗務員室と便・洗面所を撤去、2等室と3等室を入れ替えてサロハ49形となったが、この改造では側扉の変則的な配置は変更されなかった。この伊東線の半室1等車の存在は、1961（昭和36）年12月の伊東～伊豆急下田間の伊豆急行開業に際し、熱海まで伊東線に乗り入れる伊豆急にも半室1等車のサロハが生まれるきっかけになった。

横須賀線で予備車状態となっていた17m級車のサロ15形が転入すると、1963（昭和38）年サハ代用となり大宮工場で変則的な側扉位置を改造して、サハ48040号とサハ48041号に改番してサハ48形に編入され、1964（昭和39）年2月の伊東線113系化により、3扉化の改造を受けることなく岡山地区に転出されてそこで晩年を迎えている。

クロ49形に代わる貴賓車は、1960（昭和35）年に製造されたクロ157形が157系に組み込まれて運用され、葉山をはじめ那須、下田などの御用邸に静養される際にも利用された。しかし葉山御用邸は1971（昭和46）年1月に放火によって焼失し、その後1981（昭和56）年に再建されたものの、自動車専用道路の整備もあり鉄道利用は減少したことから、逗子駅では専用車のための側線が廃止された。

北鎌倉の古刹・円覚寺の境内を走る貴賓車クロ157-1号。
1963.1　鎌倉—北鎌倉
P：渡辺渥美

サロ111-35号。111系として新製されたサロ111形は車掌室が設けられず、コイルばねの台車TR62であることがサロ153形と異なるところ。
1967.4　逗子　P：福井紘一

(6) 111・113系の1等車

1960(昭和35)年6月、特急「つばめ」「はと」の電車化により1等展望車が消え、3等制の運賃体系が2等制となり従来の2等が1等に、3等が2等となった。横須賀線に連結されているサロも1等車となり、等級帯色もこれまでの青から淡緑に変更となった。サロ111形は変更後に登場したので青帯時代は存在しない。

横須賀線に投入が始まった113系のサロ111形は、それまで使用してきた横須賀線電車のサロが4名向かい合わせの固定ボックス座席であったのとは異なり、ペダルによって方向転換ができる2人掛けの回転クロスシート座席となった。またデッキ付の出入口で客室と仕切られた、サロ85形のような客車構造に近いもので、153系のサロ153形をプロトタイプとしたものであるが車掌室は設けず、定員もその分多く64人で、台車もコイルばね仕様となっている。

しかし電車急行の1等車を客車の特ロと同等設備とすることになり、新たにリクライニングシート車サロ152形を153系急行用に新造することで、サロ153形はスキンステンレス車の2両を含めて63両すべてを近郊形の1等車に転用してサロ110形(定員60名)とすることとなった。そのためサロ111形の製造は1964(昭和39)年度第一次民有車両による39～45号が最終となった。その後A-A基準やシートピッチ拡大車、他形式からの編入など113系には多彩なサロが登場することになる。

ホーム上に設置された1等車の停車位置目標。
1965.1　北鎌倉　P：吉川文夫

大船電車区への引込線で待機する70系横須賀線電車　　1963.10.24　大船電車区　P：中島正樹

19. 大船電車区の開設と111系の投入

東海道本線の全線電化以降は長距離列車の電車化が進展することになり、東海道本線の東京口の電車運用をすべて受け持つ田町電車区は、横須賀線運用の車両を東海道本線の大船～藤沢間に新たに電車区を設けて分離することとし、田町電車区は東海道本線の特急・急行長距離列車に特化して、東海道新幹線の開業まで日本の大動脈である東海道本線を担う電車区となった。

しかしこれは1960(昭和35) 年４月の大船電車区開設と同時に一斉に行われたのではなく、田町電車区の80系は1961(昭和36) 年10月に開設した静岡運転所と大船電車区に転属した。これにより田町電車区の旅客営業車両はすべて新性能化された。なお伊東支区は田町電車区に残された。

東海道本線東京口の混雑緩和のために、２扉クロス

大船電車区で待機するクモハ53006号。
1963.4.29　大船電車区
P：林　嶢

大船電車区に配属された111系。当初はすべて湘南色であった。　1963.4.29　大船電車区　P：林　嶢

シートの80系に代わり1962(昭和37)年6月から導入された111系は、田町電車区ではなく大船電車区と静岡運転所に配属となった。111系の横須賀線運用は同年9月に大船区に配属された14両によって、10月から暫定的に1編成によって始められている。大船電車区には111系が1963(昭和38)年4月に東海道本線用を含めて110両が配属され、一時はクモユニ81形に代わり新性能電車にも連結できる東海道本線用のクモユニ74形も8両配置されていた。

一方で、新性能電車は幹線電化の寒地や勾配区間にも対応するため120kWに出力増強が図られることとなり、MT54主電動機装備により新たな系列が起こされ、近郊形電車も111系から暖地向け出力増強形の113系に移行することになった。また寒地と勾配区間にも対応する抑速ブレーキを備えた115系も生まれている。

113系は1963(昭和38)年12月から新製配置が始まった。113系は出力を増強した電動車のみがモハ113形

湘南色113系による横須賀線下り電車横須賀行。この国鉄田浦変電所に近い「変電所踏切」の背後で京急線と交差しており、電車が頻繁に駆け抜ける。1964.5.10　東逗子—田浦　P：堀江光雄

誤乗防止表示板を正面に掲出した、湘南色111系による横須賀線上り電車(クハ111-3ほか)。　1963.6.1　逗子　P：堀江光雄

(M)とモハ112形(M')と新形式になり、クハやサロはそのままクハ111形・サロ111形として製造された。111系と異なるのは補助電源装置(MG)がM車からM'車へ装備が変更されたことである。

国鉄の電化計画は無煙化推進も相まって幹線とともに地方ローカル線にもおよび、これらの新規電化区間

逗子駅電留線での、クハ76037号とクハ111形の並び。　1967.4　逗子　P：福井紘一

逗子の電留線脇を走る横須賀線113系上り電車。
1965.6　逗子
P：吉川文夫

には、東海道本線や横須賀線の輸送力増強に新車を投入し、そこから在来車両を転出する図式により70系の113系への置換えが始まった。こうして1964(昭和39)年2月、いよいよ横須賀線も113系の営業運転を開始した。当初は湘南色であったため、徐々に本数が増えるにしたがって同一線を走る東海道本線列車との誤乗防止策として「横須賀線」と標記した標示板を正面に掲出したが、1965(昭和40)年6月に出場した新車から横須賀線用の113系はスカ色で登場した。またサロ111形に代わるサロ153形の改造車サロ110形も、113系の増備とともにスカ色として横須賀線にも組み込まれ始めた。

しかしこの当初のスカ色は湘南色と塗り分け線を同じとしたため、クリーム色が目立ち過ぎたことから、同年9月に登場した車両から青色の部分を増やした塗装に変更した。このため一時期横須賀線113系列車編成は湘南色、スカ色の広幅クリーム車・狭幅クリーム車の3種が混在することになった。

湘南色と同様、窓回りのクリーム色が広幅のスカ色をまとったクハ111-90号。2両目のモハは後に普及した狭幅の塗り分けとなっている。
1967.4.28　逗子　P：福井紘一

サハ48032号。半流線形のモハ43形編成の付随車として製造された。　1959.9.11　逗子　P：堀江光雄

20. 関西から来たサハ48・サロハ66形

関西では東海道・山陽本線の京都～西明石間の急行電車として、戦前は花形のモハ52形流線形の４両編成３編成とモハ43形半流の４両編成２編成が活躍したが、戦中に急行運転の廃止や、戦災を受け一部は廃車となった。加えて戦後は急行電車に80系が投入され編成もバラバラになって哀れ都落ちとなり、1950（昭和25）年にモハ42形などとともに中間付随車サハ48形も横須賀線にやってきた。これらグループの中間付随車は全車便所が設置してあったが、戦時中の格下げでモハ52形編成のサハ48形とサハ48形に改造編入された元サロハ66形は便所が撤去されていた。半流43形編成のサロハ66形は戦時中貴賓車として格下げは保留されていたが、戦後はクハ47形に改造となっていた。

これらの車両は1958（昭和33）年から翌59年にかけて大宮工場で更新修繕を受け、屋上の歩み板が撤去となり、グローブ形通風器に交換され雨樋を巻いた標準的な屋根に改造された。1次流電のサハ48029号は特徴ある屋根の側面の鎧戸型通風器も撤去された。二次流電のサハ48030・48031号の１列ガーランド型通風器と歩み板は撤去され、半流43形編成のサハ48032・

一次流電編成（狭窓）の付随車であったサハ48029号。特徴があった通風器は更新修繕を受けグローブ形に変更となり、一般的な屋根に改造された。
1959.4　田町電車区　P：吉川文夫

サハ48033号はサハ48032号とともに半流線形のモハ43形編成の付随車として製造されたもので、平軸受のTR23に交換されていた。また便所が撤去されず残されていた。
1959.3　田町電車区　P：吉川文夫

48033号は便所が残されたままで同様の更新工事が施工された。

阪和線で活躍の後、1956（昭和31）年12月に横須賀線で合流したサハ48034号とサハ48035号の２両は吹田工場で1954（昭和29）年にサハ48035号が、1955（昭和30）年にサハ48034号が更新修繕を受けたが、先に受けた48035号は張り上げ屋根を残したままの姿であった。

横須賀線では基本の６両編成のTc-Mをクモハ43形やクモハ53形と組んでMc-Tに置換えて組成が組まれることが多くみられた。このうちサハ48034号は1959（昭和34）年12月に早々と飯田線に転出となり、後述の３扉化は免れ最晩年まで彼の地で流電クモハ52形と活躍した。

サハ48035号。元半流43形のサロハ66形で1954 (昭和29)年に吹田工場で更新修繕を受けてから横須賀線にやってきた。通風器はグローブ形に変更されたが張り上げ屋根のままで、関西から来たサハ48形の中で唯一オリジナルの美しさが残されていた。
1959.8　田町電車区　P：吉川文夫

横浜駅構内を東京方から見る。下り特急列車「つばめ」が到着、同一ホームには横須賀線下り電車が待避している。左には京急線（正面貫通化前の初代1000形の特急）で、京浜間のスピードアップを目指し特急電車の増発が続けられている。 1960.5　横浜　P：渡辺渥美

21. ライバルの猛追撃

京浜電気鉄道は1905（明治38）年に京浜間を全通させるが、東京の起点が品川であり、最高規格の特甲線で東京（新橋）に直通する官設鉄道に較べ京浜電鉄は路面電車を起源として急曲線が多いなど弱点があったため、停留所を多く設けこまめに乗客を獲得、頻繁運転と各種割引運賃などで対抗してきた。

一方で横須賀線の電車化と時を同じくして最新技術を盛り込んだデ１形を一挙投入して三浦半島に鉄路を開業した湘南電気鉄道は、横浜～横須賀間を短絡し電車特有の頻繁運転で挑んできたが、横須賀線の２等車を組み込んだ７両編成に対して片や小型車両の２両または単行列車であった。また湘南電鉄は当初他線との連絡がなかったが、ほどなく親会社である京浜電鉄との直通運転を行い、品川～浦賀間の急行運転も始め躍進も望めたが、戦時下の苦難な時代を迎えることになる。

戦禍からの復興は、戦時合併の東京急行電鉄から新たに京浜急行電鉄（京急）として再起を図ることになる。横須賀線の32系の復帰、42系の転入そして新車70系投入に対して、京急は３扉ロングシート車の初代600形と２扉セミクロスシート車500形を投入、通勤と観光による復興を目指した。積極的に線路改良を行い緩急結合運行によるスピードアップを図るとともに、急行・特急の頻繁運転により10分間隔４～６両

横須賀線下り70系電車とスピードを競う、京急初代800形（後に1000形となる先行試作車）による下り特急電車。
1958.8
新子安—東神奈川（京浜新子安—子安）
P：吉村光夫

東京駅で横須賀線定期列車と並ぶ常磐線からの直通逗子行「しらほ」号。
1960年頃　東京
P：村多　正

編成運転までこぎつけた。季節運転にも力を注ぎ、特に海水浴輸送では横須賀線と逗子でしのぎを削った。

横須賀から横浜までは運転頻度や所要時分より京急が追い上げてきたが、都心直通となると依然として横須賀線が優位を保っていた。また工都川崎の通勤旅客の利便性を図るため、横須賀線は段階的に川崎駅停車列車の増加を図り、1960(昭和35) 年には全列車停車となった。京急としても横浜で国鉄線に乗り換えられてしまうことを避けるため、京浜間のスピードアップとともに増発と編成両数の増加に力を注いだ。京急とは横浜以南は経由地が異なることから三浦半島の交通を補完する共存の関係になっており、その後、横須賀線、京急ともに東京を貫通して千葉方面との相互直通運転が始められている。

22. 海水浴臨時電車

逗子・葉山、鎌倉から大磯までの海岸線は湘南と呼ばれ、温暖な気候に恵まれ日本の海水浴発祥地であった。このため電車化以前から夏期には海水浴の臨時列車が運転されていた。東京市内からは電車運転を行っていた各線から休日の余剰車両をかき集めて運行され、海水浴旅客の荷物を輸送するため他区からの木造車両まで応援を求め臨時荷物電車まで運転した。今では意外に思われるが、別荘に長期滞在する富裕層などのための荷物輸送であった。1937(昭和12) 年頃を頂点に戦時色が色濃くなると海水浴は尻つぼみとなって影をひそめたが、戦後間もなく手軽な行楽として海水

72・73系で編成された海水浴臨時電車で賑わう逗子電留線。　1955.8.14　逗子　P：堀江光雄

17m車のクハ16451号を先頭にした上り品川行臨時電車(左)と並ぶ、モハ53005号を最後部にした横須賀線下り電車。
1955.8.14　逗子　P：堀江光雄

浴が復活、再び臨時電車を運転するまでの活況がよみがえった。

鎌倉、逗子や湘南海岸に向けての臨時電車には「ちどり」や「なぎさ」などの愛称が付けられ、各地からも東北本線方面の「かっぱ」、常磐線方面からの「しらほ」、中央本線方面からの「かもめ」など、戦前からなじみのある愛称を掲げて運転された。車両は17m級をはじめモハ73形の下駄電などがスカ色の電車に混じってやってきた。中には高崎線前橋から遠出してくる80系「くじら」も見られるなど、百花繚乱の賑わいを見せた。ほとんどの列車は逗子行きであったが、逗子の電留線は満杯になり横須賀や久里浜まで回送される車両もあった。

この書き入れ時に応援の職員の宿泊として、新型車両の登場で稼働する機会を失った1等寝台車や旧式の食堂車などを鎌倉や横須賀駅の構内に留置して外部から電源を引き込み、時には洗濯物が干してあるなど夏ならではの風物詩があった。昭和40年代になると海水浴臨時電車も新性能化が図られ、オレンジなどカラフルな訪問者が訪れるようになったが、国鉄は新たに電化した房総方面、京急は久里浜線延長によって三浦海岸へ主力がシフトして、海水浴客も拡散傾向となり、その後はレジャーの多様化で徐々に海水浴輸送は衰退の一歩をたどることになった。

サハ57形ノーシル・ノーヘッダー車より改造のクハ55形を先頭にした、逗子行の横須賀線夏季臨時電車。
1963.7.16　鎌倉—逗子
P：吉川文夫

海水浴の帰宅旅客で賑わう逗子駅上りホーム。
1957.7.28　逗子
P：堀江光雄

繁忙期に職員が宿泊するために、駅構内には宿舎の代わりに寝台車が留置された。写真は鎌倉駅構内のマロネ29 104号。
1964.6.20　鎌倉
P：堀江光雄

横須賀駅に留置された三軸ボギーの食堂車スハシ38 3号。右隣はオロ31 95号、スハシの後ろに隠れているのはマロネフ59 1号。
1961.6.25 横須賀　P：渡辺渥美

クモハ53形の３扉改造車であるクモハ50形や、サハ48形の３扉改造車であるサハ58形により構成された上り横須賀線電車。
1964.9.23　大船―戸塚　P：長谷川 明

23.　３扉化改造

２扉車と３扉車が混在して混雑時に整列乗車位置に扉がないという混乱を解消するため、ついに２扉車の均整のとれた窓配置にボカリと穴を開ける一撃を食らわせた３扉化改造が行われた。しかしすでに113系への置き換えが始まっており、横須賀線での活躍は長いもので１年余り、改造後一ヶ月で不慮の事故で命を失った車もあった。

この時２等車のうち２扉車で残っていたのは、クモハ43形５両、クモハ53形５両、サハ48形９両、クハ47形３両の22両であり、１等車のサロ45形は２扉のままサハ45形に格下げ転出となった。これにより制御電動車はすべて偶数車となり、久里浜向先頭車に揃えられた。３扉化改造により形式はクモハ43形→クモハ51形(200番代)、クモハ53形→クモハ50形、サハ48形→サハ58形(0・10・20・50番代)、クハ47形→ク

２扉車の車体中央部に増設された側扉と戸袋(サハ58011号)。この混雑度を見ると必要性に迫られた改造であったことがわかる。
1965.3.15
P：長谷川興政

３扉改造を行ったクモハとサハを連結した、12両編成下り横須賀線電車。　1964.9.6　川崎—横浜(川崎—鶴見)　P：中島正樹

ハ68形(200・210番代)に改番され、種車の由来による細かな番代区分が行われている。いずれの車両も既存の窓を生かしてその中央部に扉と戸袋をセットした増設改造工事ため、扉間は等分割されず座席配置も増設扉部分で左右が異なってしまった。関西地区に戻ってきた流電、半流のサハのこうした姿にかつての姿を知る人たちはどう受け止めたのであろうか。横須賀線のサロ45形と伊東線のサロハ改造のサハ48形、17m車のサロ15形は３扉化改造が行われず、そのまま地方転出が行われている。

横須賀～久里浜間の区間電車の電動車も３扉化された。クモハ50000号＋クハ76形。　1964.12　衣笠—久里浜　P：吉川文夫

クモハ53003号を3扉化したクモハ50002号。クモハ53003号を3扉化して偶数車となったクモハ50002号。元クモハ43形なので、窓配置などの外観は下のクモハ51形200番代と変わらない。　1964.11.1　久里浜　P：豊永泰太郎

クモハ43014号を3扉化したクモハ51204号。この車両はパンタグラフがPS13に変更されている。　1964.11.1　久里浜　P：豊永泰太郎

サハ48029号の3扉化改造車サハ58000号。元1次流電の狭幅窓車。 1964.11.1　久里浜　P：豊永泰太郎

サハ48033号の3扉化改造車サハ58011号。便所付のサハ48032・48033号は10番代のサハ58010・58011号になった。
1964.11.1　大船電車区　P：豊永泰太郎

サハ48030号の3扉化改造車サハ58020。便所の無い48030・48031号は20番代の58020・58021号となった。
1964.11.1　大船電車区　P：豊永泰太郎

サロハ66017号→サハ48035号の3扉化改造車サハ58050号。元サロハからの改造車のため窓配置がアンバランスとなったが、張上げ屋根は残された。
1964.7.22　川崎　P：豊永泰太郎

クモハ51200号を先頭に次位がサハ58形と、３扉化改造車両が２両連続する横須賀線下り電車。
1964.7.3　川崎　P：豊永泰太郎

ED17形26号に牽引された自動車運搬列車が横須賀駅を発車。　1968.1　横須賀　P：石渡良夫

24. 自動車輸送と貨物輸送

自動車の普及が進み国内の自動車生産量も年々増加したが、完成車の輸送は道路が未整備なこともあって鉄道輸送による効率性を狙って、各自動車メーカーによる専用私有貨車を使った自動車輸送が昭和30年代中期から始められた。国鉄では貨物輸送近代化計画により拠点間高速物資別輸送の一環として自動車専用高速貨車の開発が行われ、ク9000形の試作を経て12トン積車運車ク5000形の量産が開始された。

1966(昭和41)年10月から本格的輸送が開始され、横須賀線では日産自動車追浜工場製の製品輸送のため横須賀駅に積込設備が設けられた。一時は横須賀駅構内が赤いク5000形で埋め尽くされたこともあった。この列車は大船で新鶴見発百済行の自動車専用特急貨物列車に併合された。1972(昭和47)年に自動車輸送はピークに達したが、翌年以降多発する国鉄のストライキや相次ぐ運賃改定などにより減少に転じた。オイルショックも手伝ってコスト面からの見直しが行われ、道路事情の改善もありトラック輸送や内航海運への転換が進み、横須賀駅の自動車基地も1980(昭和55)年10月に廃止された。

なお1971(昭和46)年３月10日付で久里浜機関支区は廃止され、引き続き1974(昭和49)年10月１日には横須賀～久里浜間の貨物営業が廃止となった。さらに1984(昭和59)年には逗子～横須賀間の貨物営業も廃止となったが、JR貨物の第二種貨物輸送で田浦発の米軍航空燃料の輸送(いわゆる米タン)はその後も続けられた。

EF10形に牽引された上り自動車専用列車。　1967.3.11　田浦―東逗子　P：堀江光雄

Column 鶴見事故

横須賀線70系時代の最大の事故は、小雨の降る1963(昭和38) 年11月９日土曜日の21時50分頃発生した鶴見二重衝突事故であろう。東京オリンピックを一年後に控え日本国中が高度成長期の活気ある時代であった。週休２日制となる遙か前のことで、土曜日の夜は一週間の仕事から解放され家路に急ぐときに発生した悲劇であった。

この事故には前段がある、事故発生の数日前11月６日の夜、東神奈川～横浜間の青木橋付近の国道１号線の道路工事で誤って水道管を破裂させたことにより水と土砂が土手下の線路に流出、その衝撃で道路に埋設してあったガス管が折れ吹出したガスに引火して、国鉄、京急線が一時不通となった。翌日７日の昼には復旧したが、鶴見事故発生の当日まで貨物列車などには遅れが残っていた。

11月９日の事故当日は、その数時間前にこれも歴史に残る大事故が発生していた。三井三池炭鉱での450人を上回る犠牲者を出した炭塵爆発事故である。夕方以降このニュースで持ち切りであったところに鶴見事故の一報が入ったのである。

EF15が牽引する2365貨物列車は45両編成の貨物列車で新鶴見操車場を数日前事故の影響により４分延で発車し鶴見を通過、京浜東北線が山側から海側に東海道本線を乗り越え、貨物線と東海道本線と並走する区間に入る滝坂踏切付近で後部から３両目のワラ１形501号が脱線、連結分離して後続の２両とともに３両が東海道本線上り線に倒れかかった。１線空けた下り東海道本線を併走していた下り横須賀線2113S列車の運転士が異常を発見、ブレーキを掛け徐行をして脱線した貨車の側面を通過していた最中、上り横須賀線2000S列車が接近、緩いカーブで脱線していた貨車は直前まで確認できず、非常ブレーキを掛ける間もなく先頭車両が脱線していた貨車に激突、反動ですれ違っていた2113S列車の５両目に乗り上げ、死者161人と多数の重軽症者を出す大惨事となった。数日前の不通事故の遅れがこの不幸な「すれ違い」タイミングを生んだともいえる事故であった。

この事故で貨車と激突した上り先頭車クハ76039号に乗り上げられた下り列車の５号車クモハ50006号は車内に閉じ込められた生存者を救出し、日本の人と物流の大動脈である

(1) 12版▲ 朝日新聞 昭和38年(1963年) 11月10日 日曜日 27959号

朝日新聞

横須賀線で二重衝突

折重なる電車、無残な二重衝突現場—下り電車にのしかかった上り電車一両目、向う側は上り電車

死亡判明・百二十九（午前3時現在）

鶴見—新子安 気遣われる車中乗客

重軽傷者は90余人

戦後三番目の事故

発炎筒間に合わず？

東海道線開通見込みたたず

三池炭鉱（三川鉱）で坑内大爆発

百七十一遺体を確認

重軽傷三百人 三百五十人なお不明

原因は「炭じん」引火？

社会戯評

天声人語

川村の自転車

ホーム ペイント 日本ペイント

1963(昭和38) 年11月９日に発生した鶴見事故を報じる翌10日の朝刊。１面は当該事故と、同日に発生した三池炭鉱の爆発事故で占められていた。

(『朝日新聞』1963年11月10日付より)

クモハ50006号は3扉化改造を受けてから1か月もたたないうちの惨劇であった。復旧工事の進む翌日、クハ76039号に乗り上げられたクモハ50006号にはクハ76039号のTR45台車が残されていた。 1963.11.10 川崎—横浜(鶴見—新子安) P：友田雅之

東海道本線を早急に復旧するため、下り４号車のモハ70079号とともに台枠のみの姿となって撤収された。このうちクモハ50006号はクモハ53005号から３扉化改造を受けて出場後わずか一ヶ月にも満たなかった。上記３両は1964(昭和39) 年９月８日付で廃車となった。

翌日16時過ぎ、同所を通過する復旧一番列車は一旦停止し汽笛を吹鳴して発車した。この事故を教訓に警報装置の整備や二軸貨車の二段リンク化、競合脱線の解明が進められた。

そしてこの事故の遅れの影響で、11日には山陽本線本由良～厚東間で下り「みずほ」に「あさかぜ」が追突する事故が発生している。

悪夢の1963(昭和38) 年11月はこれだけでは済まなかった。東京オリンピックの人工衛星による同時放送実現のため、日本時間で11月23日早朝、アメリカから初の試験放送で時の大統領ジョン.F.ケネディーからのメッセージが送られてくるはずであったが、それはテキサス州ダラスで暗殺された悲報の映像となったのである。

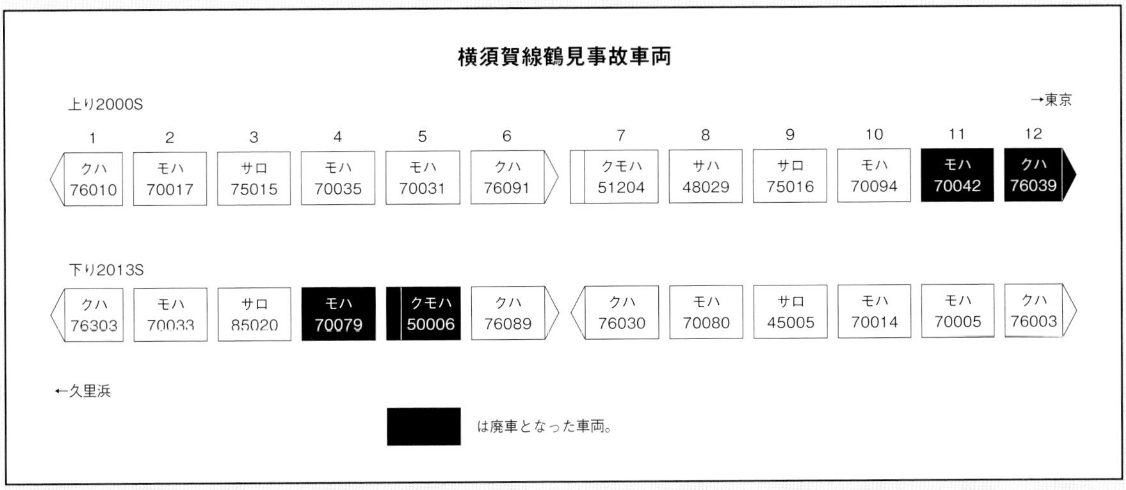

東京駅を発車した下り横須賀線電車と離合する153系の上り東海道本線電車。右には東海道新幹線の工事が始まっている。
1962.11.2　東京—新橋(有楽町付近)　P：小川峯生

横須賀線70系電車の東海道本線電車への代用は113系投入の直前まで続けられていた。　1963.8.4　川崎—品川(大井町)　P：荻原二郎

東海道新幹線の開業で東海道本線の日中の電車特急は廃止され、151系の運用はなくなったが、東京オリンピック開催中は東京～熱海間に臨時急行「オリンピア」が運転され、151系の有終の美を飾った。横須賀線から撤退が始まった70系とすれ違う。

1964.10.10　新橋—品川(田町付近)　P：小川峯生

25. 70系の転出

1962(昭和37)年6月10日に新潟～長岡間の直流電化が完成し、上野～新潟間に161系の特急「とき」が運転を開始した。同時にローカル列車の電車化が行われ、明石電車区と高槻電車区からモハ70形5両、クハ68形5両の10両が長岡第二機関区に転属してきたのが新潟地区の国電運転の始めで、大船電車区からの転属は横須賀線で113系の運用を開始した1964(昭和39)年2月から始まった。この転属では同時に伊東線の113系化による転出も加わり、伊東支区からはモハ70形が2両とクハ76形が2両の計4両、大船区からはクハ76形は1両とクハ47形の3扉化改造によるクハ68形が2両の計3両が転出した。横須賀線はこれまで車両需要の変動で関西地区と大船電車区での70系のやり取りがあったが、1963(昭和38)年12月に113系が投入されて以降、113系への置き換えによる地方転出が活発となり、新性能化が進められることになる。

横須賀線70系の本格的地方転出は、新潟～長岡間の区間電車運転で始まったが、徐々に上越線や信越線に運転区間が延び、1966(昭和41)年3月、1967(昭和42)年3月・6月11月、1968(昭和43)年6月に長岡第二機関区に大船電車区からの転出が続いた。

1965(昭和40)年に入ると113系の増備が急速に進み、それによって在来車の地方転出に拍車がかかり、

保土ヶ谷～戸塚間の清水谷戸トンネルを抜ける横須賀線下り電車。後に東海道本線と分離されたことにより、横須賀線は当時貨物線であった品濃トンネルを通過することになる。

1964.9.20　保土ヶ谷—戸塚　P：小川峯生

６両編成となった70系区間電車同士の衣笠駅での離合。 1968.1 衣笠 P：石渡良夫

３扉化改造から日の浅いクモハ50形やクモハ51形200番代も1966(昭和41)年３月までに消え、横須賀～久里浜間の区間列車は70系による１等車を組み込んだ６両編成となった。

横須賀線の「固有種」であるサロ75形の２等格下げの転出は意外な始まりであった。先に伊東線に転出したサロ15形２両は同線の新性能化により、宇都宮運転区にサハ格下げのうえで再転出したが、ここでサハ15001号が事故廃車となり、その代替としてサロ75010号が代用サハ(後に正式格下げ)として1965(昭和40)年６月に転出したのが最初で、ぶどう色の電車の間にぽつんとスカ色で１等帯も消されずに連結されている姿は哀れな都落ちそのものであった。この後113系の増備による転出はサロ85形より先行し、1967(昭和42)年６月に残っていた３両が格下げ先頭車改造により新潟地区に転出され、横須賀線から姿を消した。

中央西線の名古屋起点から塩尻に向けて複線化と電化が始まり、1966(昭和41)年５月の瑞浪までの電化では神領電車区が未成であったため、それに先がけて大船電車区からは暫定的に大垣電車区へモハ70形５両とクハ76形７両の計12両が３月に転出していった。その後も同年９月に大垣電車区への転出は続き、1968(昭和43)年８月の中津川までの電化延伸開始により神領電車区が開設され、最後に残った70系が転出していった。

同時期、両毛線の電化運転を同年９月に開始する準備のため新前橋電車区へも６月に転属しており、これらの転出で７月末には横須賀線の新性能電車化は達成され、70系の運行は終了した。

６両編成とされた横須賀～久里浜間の区間列車。すでにサロ75形はなく、写真の編成にはサロ85形が組み込まれている。 1968.3.18 衣笠―久里浜 P：佐藤良介

クモニ13形を先頭に六郷川橋梁を渡る横須賀線下り電車。
1967.8 品川—川崎　P：福井紘一

1等車が基本と付属編成とに分散して１両ずつ組み込まれた、横須賀線暫定15両編成。　1966.6.25　大船―戸塚　P：三神康彦

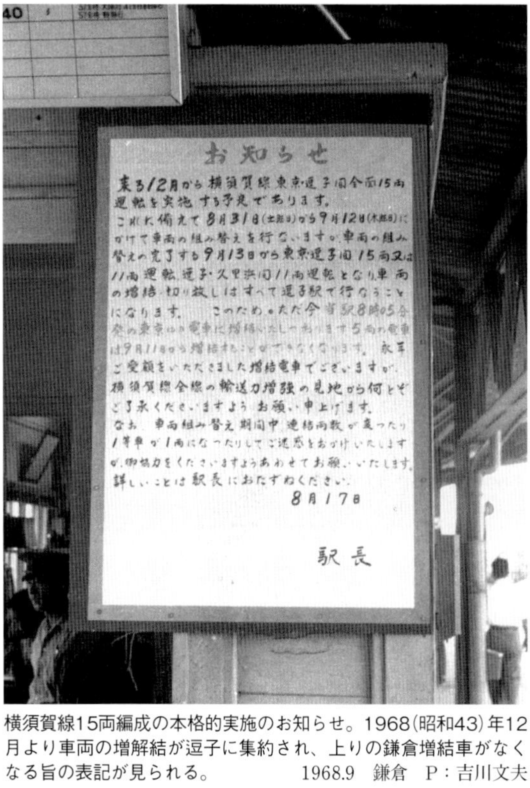

横須賀線15両編成の本格的実施のお知らせ。1968(昭和43)年12月より車両の増解結が逗子に集約され、上りの鎌倉増結車がなくなる旨の表記が見られる。　1968.9　鎌倉　P：吉川文夫

26. 113系による15両編成運転開始

東海道本線の15両編成と大船～東京間で同一の線路を走る横須賀線は最大12両編成で運転されており、113系への置き換えに当たっては、東海道本線と同一編成として共通とすれば合理的であるが、70系を基本とした列車編成の横須賀線は基本と付属編成を同一の１等車１両組込の６両編成であったので、12両編成とした場合は１等車が編成中に分散配置されていた。さらに113系投入当初では、70系と東海道本線の111・113系列車との１等車の連結位置がまちまちではとなり混乱を招くことになるため、あえて東海道線とは異なり113系は久里浜方からTc1-M'-M-Ts-M-M'-Tcの基本７両、Tc1-Ts-M'-M-Tc付属５両としていずれも１等車１両組込み、12両編成運転の場合は付属編成を東京方に連結して70系列車との１等車の連結位置の違いを最小限にとどめた。当時はこれ以外にも２等在来車の３扉車と２扉車の混成編成によるドア問題もあり、ラッシュ時間帯に混乱を引き起こしていた。

やがて113系への置き換えが進み、その運用数も増加するにしたがって113系による15両編成化が行われることになり、分割併合を行う逗子駅の改良工事が進められていた1966(昭和41)年12月に基本編成を７両からTc1-M'-M-Ts-M'-M-Tc-M'-M-Tcの10両とし、東京方へTc1-Ts-M'-M-Tcの付属編成５両を増結する暫定的な一部の15両編成運転が開始された。逗子駅の改良工事については横須賀線の15両編成を東海道本線の113系と同様の基本編成と付属編成を同様の編成に組み替え、東海道本線列車との１等車の位置を揃えるのが理想的であるが、逗子駅の電留線が久里浜方にあり全車両が113系となり15両編成が増加した場合、増結車を東京方のままとするには多くの工事費と時間が必要とされるため断念された。

荷物電車もクモニ13形からクモニ83形に変更となった。
1967.11.5　横須賀　P：佐藤良介

70系が去った1968(昭和43)年８月以降９月には113系は編成組み替えが行われ、同年12月に逗子駅の改良工事完成に向け、東海道本線と編成を同様に変更した。１等車２両組込のTc1-M'-M-Ts-Ts-M'-M-Tc-M'-M-Tcの基本編成11両、Tc1-M'-M-Tcの付属編成４両としたが前記の理由により増結車は久里浜方連結に改められ、長年続いていた鎌倉増結は取りやめとなった。また横須賀～久里浜間の区間電車は70系撤退の過渡期には暫定的に113系１等車組込の５両編成も見られたが、付属編成４両編成化が整い２等車のみの編成となった。

横須賀線は久里浜～逗子間は11両編成(日中の久里浜～横須賀間の区間電車は４両編成)、逗子～東京間が15両編成運転となるものの高度成長による首都圏の通勤輸送の増加はとどまることを知らず、300％に迫る混雑を呈し、その打開策として首都圏５方面作戦が展開される。東海道本線と大船～東京間で線路を共有する横須賀線の分離が計画され、大船～品川間は貨物線を新設したうえで、従来の貨物線を横須賀線に転用して品鶴線経由に変更、品川～東京間は地下新線を建設のうえ東京駅で総武本線との相互直通運転が始められる。こうして横須賀線はE217系の置き換えが完了する20世紀末の1999(平成11)年まで、長期にわたる113系時代が続く。

横須賀線の70系は後継113系により地方路線に散っていったが、その路線での活躍も終息を迎え車命も尽きるとき、一部の70系は東急車輛製造での解体に向け、再び横須賀線を死出の旅路として走ることになった。

側線に留置されている上り
鎌倉始発の横須賀線電車。
1968.9　鎌倉
P：吉川文夫

おわりに

表湘南電車の80系が同系列で統一された編成で華々しくデビューしたのに較べ、横須賀線の70系は中間に在来車両を組み込み、２扉車・３扉車、セミクロスシートとロングシート車が混在して、先頭車だけは当時の花形80系と同じ形状のクハ76形にした、いわゆる木に竹を接いだような編成でした。しかしスカ色は爽快感のある塗り分けで好感が持て、こうした混ぜこぜの編成に私は逆に興味を抱いていました。

70系電車と同年に横須賀で生まれ、身近の横須賀線と京急を見て育ちましたが、残念ながら昭和20年代の記憶はほとんどありません。鉄道に興味は持ち始めましたが知識もなくカメラを手にするのはその10数年後のことで、すでに横須賀線の70系は風前の灯火となっていた時期でした。誰しもがあと10年早く生まれていたらと思いますがそれは叶わぬことで、この時代の記録は諸先輩のお力を頼らなければならなりませんでした。これまでもお力添えをいただいている諸兄のご尽力で国電の重鎮としてご活躍されている方々からの貴重な写真やご指摘を賜って上下巻が何とか刊行に至りましたが、そこここの力不足至らぬところはなにとぞご容赦願います。

70系は保存車が１両もなく、80系湘南電車に較べ写真も少なく影の薄い車両でしたが、奥の深い車両であったと横須賀生まれの筆者は思っています。

佐藤良介

横須賀駅構内で入替を行っている荷物電車クモニ13形。　1968.1 横須賀　P：石渡良夫